THÉATRE DU PALAIS-ROYAL.

AMOUR ET BIBERON

COMÉDIE-VAUDEVILLE EN UN ACTE,

DE MM. DU MERSAN ET VARIN,

Représentée pour la première fois à Paris, sur le théâtre du PALAIS-ROYAL,
le 8 février 1847.

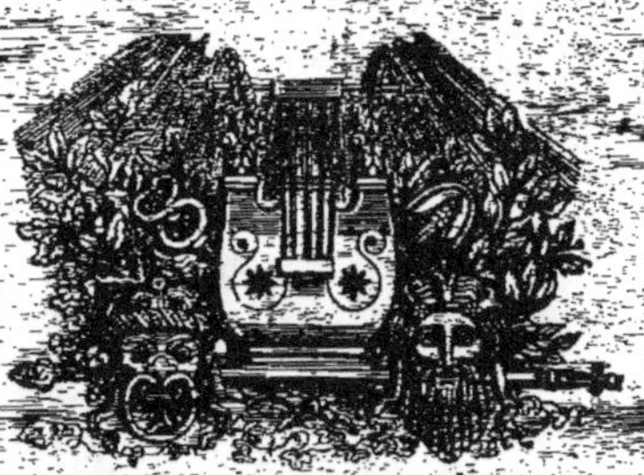

Prix : 50 centimes.

PARIS,

BECK, ÉDITEUR,
RUE GIT-LE-COEUR, 42.
TRESSE, successeur de J. N. BARBA, Palais-Royal.

1847.

AMOUR ET BRETON

AMOUR ET BIBERON,

COMÉDIE-VAUDEVILLE EN UN ACTE,

DE MM. DU MERSAN ET VARIN,

Représentée pour la première fois à Paris, sur le théâtre du PALAIS-ROYAL,
le 8 Février 1847.

PERSONNAGES.	ACTEURS.
RAPHAEL peintre d'enseignes	MM. RAVEL.
VERDURE, dit BEAUJARRET, marchand de tableaux...................	LEVASSOR.
FERNAMBOUC, Chilien opulent....................................	LEMÉNIL.
ZÉLOIDE, parente de Fernambouc.................................	Mlle NATHALIE.
URSULE, femme de Verdure.......................................	Mlle ALINE DUVAL.

La scène est à Paris, chez Fernambouc.

Un salon, porte au fond, deux fenêtres, une de chaque côté, au premier plan. — Deux portes latérales au troisième plan. — Deux autres petites portes au fond, à droite et à gauche de la grande. Guéridon à droite du public, et pour écrire une table à gauche entre la porte et la croisée.

SCÈNE PREMIÈRE.

ZÉLOIDE.

ZÉLOÏDE, *assise à la table de droite, et écrivant.*
« A monsieur, monsieur Raphaël, rue des Jeû- « neurs, 120. » — Comment lui faire parvenir?.. (*Entendant du bruit.*) Quelqu'un?... dissimulons! (*Elle cache la lettre dans son corset.*)

SCÈNE II.

ZÉLOIDE, URSULE. (1)

URSULE, *ouvrant la porte de gauche.*
Vous êtes seule, voisine?...

ZÉLOÏDE.
Ah! c'est vous, ma chère madame Verdure! Entrez donc!

URSULE.
M. Fernambouc est sorti?

ZÉLOÏDE.
Oui! Mon tyran est dehors, et je fais des vœux pour qu'il y reste.

URSULE.
Ma foi, je vous avoue qu'il me fait peur, cet homme-là!

(1) U, Z.

ZÉLOÏDE.
Et à moi donc! Son regard me glace, sa voix me donne le frisson... Je tremble devant lui comme la feuille du bouleau.

URSULE.
Si je l'avais connu, je ne lui aurais pas loué la moitié de mon appartement!.. Il est vrai que c'est commode à cause de la porte de communication... on peut se voir, on peut causer... et, quand on veut, on s'enferme, chacun de son côté... Mais je m'étonne que M. Fernambouc ait consenti à cet arrangement, lui qui est défiant comme un vieux rat!

ZÉLOÏDE.
Il ne se défie pas de vous, voisine!... Le monstre adore le beau sexe, et j'ai cru remarquer qu'il vous couvait de l'œil!

URSULE.
Eh! bien, franchement, je m'en suis aperçue aussi.

ZÉLOÏDE.
Prenez garde! cet homme a des instincts sauvages, comme tous les naturels du Chili dont il est issu.

URSULE.
A votre place, je l'y renverrais, au Chili, par un convoi spécial! grande vitesse!

ZÉLOÏDE.
Mais il est mon parent... autrefois éloigné!... Et maintenant très proche, depuis qu'il est à Paris..

et il abuse de ce titre sacré !.. Depuis un mois que
l'Océan l'a poussé sur ces rivages, il me retient
captive au fond de cet obscur séjour !

URSULE.

Obscur?... Il y a deux grandes fenêtres, et sur
deux rues encore !

ZÉLOÏDE.

Plus de bals ! plus de fêtes ! plus de douces fo-
lies ! Il a brisé toutes les joies de ma jeunesse !...

URSULE.

N'importe ! Vous vivez bien. Domestique mâle,
domestique femelle... Excusez !

ZÉLOÏDE.

Mais vous ne savez donc pas ? Le mâle, il l'a
flanqué ce matin même à la porte, soi-disant,
parce qu'il me remettait des lettres d'un nommé
Beaujarret.

URSULE.

Beaujarret? connais pas.

ZÉLOÏDE.

Et la femelle, ma femme de chambre, un cor-
don bleu, qui fricassait le haricot de mouton
presque aussi bien qu'une portière, expulsée
aussi.

URSULE.

Pourquoi?

ZÉLOÏDE.

Soi-disant, parce qu'elle m'avait transmis un
billet d'un certain Raphaël, ce qui était parfaitement vrai.

URSULE.

Raphaël?.. connais pas non plus.

ZÉLOÏDE.

Un jeune peintre d'histoire... à telle enseigne
qu'il a exposé...

URSULE.

Où ça?..

ZÉLOÏDE.

Rue Neuve-Coquenard, chez un charcutier,
dont il a décoré la devanture d'emblèmes ingé-
nieux... des pieds truffés, des jambons.... Garçon
plein d'avenir !..

URSULE.

J'adore le jambon ! Tenez, voisine, je ne vous
trouve pas déjà si malheureuse ! et je suis bien
plus à plaindre que vous !

ZÉLOÏDE.

Oh ! que non !

URSULE.

Oh ! que si !

ZÉLOÏDE.

Oh ! que non !

URSULE.

Oh ! que si !

ZÉLOÏDE.

Cette prétention !

URSULE.

D'abord, moi, je suis mariée !

ZÉLOÏDE.

Je fais la part de cet accident !

URSULE.

Et avec quel mari, grand Dieu ! M. Verdure
est l'être le plus vicieux des treize arrondisse-
ments ! . Beau danseur, mais vicieux !.. Après six
mois de lune de miel, il a changé de domicile
sans me laisser son adresse... et si vous saviez
tout ce que j'ai fait pour le retrouver !..

Air : *J'en guette un petit de mon âge.*

J'ai couru, par toute la ville,
Les restaurants les plus huppés,
Château-Rouge, Prado, Mabille,
Et des endroits encor plus escarpés.
Dans ces lieux, où je me promène,
Pour chercher l'ingrat qui me fuit,
C'est l'espoir seul qui me conduit,
Mais c'est un autre qui m'ramène.

ZÉLOÏDE.

Pauvre femme !

URSULE.

Et, quand il partit, j'allais devenir mère !

ZÉLOÏDE.

Vous le devîntes?

URSULE.

Je le devins.

ZÉLOÏDE.

Un enfant ! Quelle source de jouissances !

URSULE.

Oui ! ça console de tout !.. J'ai mis le mien en
nourrice... à quinze francs par mois... et voilà
que, ce matin, j'ai reçu une lettre...

ZÉLOÏDE.

D'un amant?

URSULE.

Non ! du père nourricier ! Il me prévient que sa
femme n'a plus de lait, parce que je leur dois trois
mois!.....

ZÉLOÏDE.

Vils mercénaires !

URSULE.

Et qu'ils vont me renvoyer mon petit (1) !..
C'est ça une position !.. Il faut que j'achète un
berceau, un biberon, un tas de choses. Pauvre
chérubin !.. Pourvu qu'il n'arrive pas aujour-
d'hui... Je vais ce soir au bal et ça me gênerait!...
Vous, du moins, pour vous consoler, vous avez
vos deux adorateurs...

ZÉLOÏDE.

Hélas!.. deux rivaux acharnés... Ils ne se ren-
contrent jamais sans s'égorger... à coups de
poing...

URSULE.

Et vous les voyez souvent?

(1) Z. U.

ZÉLOÏDE.

Comment les verrais-je? aucun mortel ne peut
pénétrer jusqu'à moi... C'est la consigne du portier, et mon despote ne me quitte pas.

URSULE.

Cependant, il vous a laissée seule aujourd'hui...

ZÉLOÏDE.

Il l'a bien fallu!.. Il avait congédié nos valets,
et il a été courir pour les remplacer !

URSULE.

Oh ! ma chère, que les femmes sont infortu-
nées!.. Je vais voir si la couturière d'en haut,
n'aurait pas un petit costume chique.

ENSEMBLE.

Air : *Vive le Champ-de-Mars.* (B. Richard 2e acte.)

Ah ! c'est par trop souffrir !
Je n'ai plus rien qui m'enchaîne,
Pour oublier la peine
Je n'connais que l'plaisir !

ZÉLOÏDE.

Allez, allez courir !
Où la Polka vous entraîne,
Pour oublier la peine,
Je n'connais que l'plaisir !

(Ursule sort à gauche.)

SCÈNE III.

ZÉLOÏDE, *seule.*

Cette madame Verdure est une petite pas
grand'chose... Son existence est échevelée!..
tandis que moi, seule et prisonnière, me voilà
réduite à être ma bonne, à faire mon ménage !..
et pas un chevalier ne viendra me délivrer !...
Hélas ! il y a bien encore des chevaliers, mais ils
sont opticiens!... Et je suis séquestrée par un
vampire ! ah ! j'aimerais mieux être enfermée au
donjon de Vincennes, avec des officiers d'artillerie !.. Qu'est-ce que je sens ? une odeur de brûlé !..
c'est mon lait qui s'enfuit !.. Je voudrais bien faire
comme lui !

(Elle sort au fond par la droite.)

SCÈNE IV.

RAPHAEL, BEAUJARRET. (1) *(Ce dernier a un
paquet à la main.*
RAPHAEL, *sautant dans la chambre par la fenêtre
de gauche.*

Personne !

BEAUJARRET, *de même, par la fenêtre de droite.*

Personne !

(1) B, B.

RAPHAEL , *l'apercevant.*

Ah !

BEAUJARRET, *de même.*

Oh !

RAPHAEL.

Beaujarret !

BEAUJARRET.

Raphaël !

RAPHAEL.

Encore lui !

BEAUJARRET.

Toujours toi !

RAPHAEL.

Chez ma lionne !

BEAUJARRET.

Chez ma panthère !

RAPHAEL.

En garde !

BEAUJARRET.

Viens-y !

(Ils se boxent.)

SCÈNE V.

LES MÊMES, ZÉLOIDE. (1)

ZÉLOÏDE.

O ciel !

BEAUJARRET et RAPHAEL.

Zéloïde !

ZÉLOÏDE.

Mes deux polkeurs !

RAPHAEL.

Tableau !

BEAUJARRET.

Pose plastique !

RAPHAEL.

Composition de M. Keller.

ZÉLOÏDE.

Téméraires ! par quelle voie souterraine êtes-
vous arrivés jusqu'à moi ?

BEAUJARRET.

Par cette fenêtre !

RAPHAEL.

Et moi, par l'autre !

ZÉLOÏDE.

Une escalade !

BEAUJARRET.

Avec une échelle...

RAPHAEL.

De maçon...

BEAUJARRET.

Que j'ai trouvée...

RAPHAEL.

Dans un bâtiment...

(1) R, Z, B.

BEAUJARRET.

En construction !

RAPHAEL.

Tiens ! la même idée tous les deux !

ZÉLOÏDE.

O amour !

RAPHAEL.

Zéloïde, il se passe ici des choses entièrement troubles !

BEAUJARRET.

Votre portier me reçoit comme si je lui demandais de ses cheveux !

RAPHAEL.

Il prétend que les entrées de faveur sont généralement suspendues !

ZÉLOÏDE.

Hélas !

RAPHAEL.

Hélas est un mot puéril... éclairez la question !

ZÉLOÏDE.

Vous saurez tout !... Mais que venez-vous faire ici, malheureux ?

BEAUJARRET.

Le carnaval agite ses grelots ! vous devez avoir des fourmis dans les jambes, je viens vous guérir de ce chatouillement... Courons à Valentino !..... Nous y danserons le fameux quadrille de *la Croix de Berny*... Ce foulard est gros de mon costume !

ZÉLOÏDE.

Ah ! que je gigotterais volontiers !

RAPHAEL.

Vous ne gigotterez pas, Zéloïde ! c'est peu littéraire !... Et j'ai à vous conduire chez un bas-bleu qui tient des soirées... nous y mangerons des savarins, et nous représenterons des tableaux vivants !

BEAUJARRET.

Des tableaux vivants avec des bas-bleus... ça sera gentil !

ZÉLOÏDE.

Que parlez-vous de danses et de savarins... Ah! vous ne savez pas où vous êtes !

BEAUJARRET.

Chez vous, ma Giselle, rue de la Tour-des-Dames.

ZÉLOÏDE.

Vous êtes dans un antre.

RAPHAEL.

Un entresol ?

ZÉLOÏDE.

Dans l'antre d'une bête féroce !

RAPHAEL.

Quel est ce bestial ?

ZÉLOÏDE.

C'est mon parent... un homme du Chili !

BEAUJARRET.

Un chianli ?

ZÉLOÏDE.

Un Chilien !... opulent, mais barbare !... Fernambouc est son nom.

BEAUJARRET.

Ah ! il s'appelle Fernand ?

ZÉLOÏDE.

Bouc !.. Et s'il vous trouvait chez moi, il a un poignard que je soupçonne vénéneux !

BEAUJARRET.

Fichtre !

RAPHAEL.

Bigre !

BEAUJARRET, *à part.*

Serait-ce une frime pour m'éliminer !

RAPHAEL, *à part.*

Voudrait-elle s'isoler avec ce sauteur ?

ZÉLOÏDE.

Ecoutez! J'entends sa marche funèbre! Fuyez! ou nous sommes tous perdus !

Air : *A la grâce de Dieu.*

BEAUJARRET.

Allons! au revoir, ma Sylphide !

ZÉLOÏDE.

Bonsoir, mon cher, J'ai bien l'honneur !...

RAPHAEL.

Nous nous reverrons, Zéloïde !

ZÉLOÏDE.

Plus tard ! dans un monde meilleur!

RAPHAEL.

J'y songerai...

ZÉLOÏDE.

Reprends l'échelle !

(*A Beaujarret.*)

Sortez par le même chemin.

BEAUJARRET, *à part.*

C'est un truc, je vois la ficelle !

RAPHAEL.

Je prend du lest! (*Il l'embrasse.*)

ZÉLOÏDE.

Est-il gamin !

Fuyez! fuyez !

BEAUJARRET, *à la fenêtre.*

Adieu ! (*Il disparaît.*)

ZÉLOÏDE.

A la grâce de Dieu !

(*A Raphaël.*)

Fuyez ! Fuyez !

RAPHAEL.

Adieu ! (*Il disparaît.*)

BEAUJARRET, *rentrant et se glissant dans la chambre à droite.*

A la grâce de Dieu !

ZÉLOÏDE, *allant à la fenêtre de Beaujarret.*

Adieu!

RAPHAEL, *rentrant, et se glissant dans la chambre du fond à gauche.*

A la grâce de Dieu !

ZÉLOIDE, *allant à la fenêtre de Raphaël.*
Adieu!
A la grâce de Dieu!

*l porte du milieu s'ouvre , et Fernambourg
paraît.)*
Il n'était que temps!

~~~~~~

SCÈNE VI.

ZÉLOIDE, FERNAMBOUC. (1)

RNAMBOUC, *entrant par la porte du fond, d'un
air sombre, avec un paquet à la main.*
Bonjour!
ZÉLOÏDE, *à part.*
Qu'il est grâcieux !
FERNAMBOUC.
Qu'est-ce que vous faisiez-là ?
ZÉLOÏDE.
Je m'ennuyais!
FERNAMBOUC.
A la bonne heure!... La voisine n'est pas ve-
e!
ZÉLOÏDE.
Vous vous occupez beaucoup de la voisine !
FERNAMBOUC, *riant sérieusement.*
Hé! hé! hé !... c'est une créature agréable... sa
e me rend hilare !
ZÉLOÏDE.
C'est heureux !
FERNAMBOUC
Car je suis fort gai en dedans... Je riais beau-
up au Chili !
ZÉLOÏDE.
Que n'y êtes-vous encore!... Je rirais aussi,
oi, au lieu de m'étioler dans ce repaire , où je
ai d'autre cuisinière qu'une machine de fer-
nc, ainsi nommée.
FERNAMBOUC.
La cuisinière vous sera fournie! Je viens du
reau, où j'ai commandé une bonne pour tout
ro et un groom!... on a promis de me les ser-
à la minute , et en sortant de là, j'ai acheté
s crevettes ?
ZÉLOÏDE.
Je n'ai pas faim.
FERNAMBOUC,
Je les mangerai avec la voisine !
ZÉLOÏDE.
Toujours la voisine !
FERNAMBOUC.
Je suis riche, et je me plais à répandre les bien-
ts. Que désirez-vous, Zéloïde, parlez.
ZÉLOÏDE.
Je veux voir le monde,

(1) Z, F.

FERNAMBOUC.
Mettez-vous à la fenêtre !
ZÉLOÏDE.
Je veux faire le carnaval !
FERNAMBOUC.
Nous le ferons !
ZÉLOÏDE.
Je veux aller au bal masqué !
FERNAMBOUC.
Nous irons !
ZÉLOÏDE.
Vrai ! ou ça ?
FERNAMBOUC (1).
Ici !... avec la voisine ! Nous nous masquerons
tous les trois, et nous nous intriguerons !
ZÉLOÏDE.
Infâme ! vous vous raillez de ma douleur !
FERNAMBOUC.
Moi, te railler! Écoute, Zéloïde, je t'aime !
ZÉLOÏDE.
Vous m'aimez?
FERNAMBOUC.
Dis un mot, je t'épouse, et je t'emmène au
Chili!
ZÉLOÏDE.
Vous?
FERNAMBOUC.
Tu seras criblée de jouissances !.. Tu auras des
bambous, des bananiers et des cataractes... sous
les yeux.

Air: *Le feu qui brûle mon visage.*

Sur tous mes esclaves, Madame,
Je vous céd'rai mes pleins pouvoirs,
Et lorsque tu seras ma femme
Je vous promets beaucoup de noirs.
Oui, vous en aurez au moins quatre
Que tu pourras rouer de coups.
ZÉLOÏDE.
Ah ! si j'avais quelqu'un à battre,
Monsieur, je commenc'rais par vous!...
Oui, si j'avais quelqu'un à battre,
Monsieur, Monsieur, ce serait vous !

FERNAMBOUC.
C'est convenu, nous emmènerons aussi la voi-
sine.
ZÉLOÏDE.
Toujours la voisine !
FERNAMBOUC.
Ne sois pas jalouse !.. Tes rivales seront nom-
breuses, mais d'un caractère agréable, tu ne t'en-
nuieras pas avec elles !
ZÉLOÏDE.
Vous auriez des maîtresses!
FERNAMBOUC.
C'est très bien porté au Chili !

(1) F, Z,
~~~~~~

ZÉLOÏDE.

Eh! bien et moi?.. si je prenais des amants?

FERNAMBOUC.

Des amants! O rage! ô fureur! Je leur percerais le flanc! Veux-tu être ma femme?

ZÉLOÏDE.

Vous me faites horreur!

FERNAMBOUC.

Alors, va te promener!

ZÉLOÏDE.

Je vais dans ma chambre (1), arroser n'importe quoi de mes pleurs. (*Elle ouvre la porte du fond de gauche, et pousse un cri en voyant Raphaël.*) Ah!

FERNAMBOUC.

Heim?

ZÉLOÏDE, *à part.*

Raphaël!

~~~~~~

SCÈNE VII.

LES MÊMES, RAPHAEL, *en femme de chambre avec un chapeau et un voile vert* (2).

RAPHAEL.

Salut, monsieur, madame la compagnie!

FERNAMBOUC.

D'où sort cette particulière?

RAPHAEL.

Monsieur! c'est moi, la nouvelle bonne... que madame a eu l'honneur de me dire d'attendre jusqu'à ce que monsieur fusse rentré (3).

FERNAMBOUC.

Une bonne avec cette tenue flambante!

RAPHAEL.

Ah! monsieur, c'est que je sors de chez un veuf, un homme seul... qui faisait bien les choses!..

FERNAMBOUC, *riant.*

Eh! eh! eh! gaillarde!.. (*Il la pince.*) Mais, alors, madame, pourquoi ne m'avoir pas dit!..

ZÉLOÏDE.

En effet!.. je l'avais oublié... et en la voyant tout-à-coup! (*A part.*) Oh! j'en mourrai! (*Elle tombe dans un fauteuil à droite.*)

FERNAMBOUC, *courant à elle.*

Zéloïde! Elle se trouve mal (4)!.. (*A Raphaël.*) Petite dinde!.. c'est toi qui es cause!.. Allons, tu vois bien qu'elle étouffe, délace son corset!..

RAPHAEL.

Volontiers (5)!

FERNAMBOUC.

Coupe le lacet, voici mon poignard!

(1) Z, F.
(2) R, Z, F.
(3) Z, R, F.
(4) Z. F, R.
(5) R, Z, F.

RAPHAEL, *ôtant une épingle.*

Je vais tout couper!

ZÉLOÏDE, *se relevant.*

Bas les pattes!.. (*Le billet qu'elle avait caché dans son sein tombe à terre.*)

FERNAMBOUC.

Qu'est-ce qui tombe?.. du coton?.. non, un papier... (*Il le ramasse.*)

ZÉLOÏDE.

Monsieur, monsieur, rendez-le moi.

FERNAMBOUC.

Une lettre cachetée!

ZÉLOÏDE.

A ma couturière!

FERNAMBOUC, *lisant l'adresse.*

« A monsieur, monsieur Raphaël!

RAPHAEL, *à part.*

A moi?

FERNAMBOUC.

Et votre couturière se nomme M. Raphaël?.. Ah! j'ai peine à le croire!

RAPHAEL, *bas à Zéloïde.*

Vous m'avez écrit, mon bel ange!

ZÉLOÏDE.

Silence!

FERNAMBOUC, *lisant.*

« Cher ami!.. (*Parlé.*) C'est tendre!

RAPHAEL, *à Zéloïde.*

Oh! oui, ça l'est!

FERNAMBOUC, *lisant.*

Air: *de ma tante Aurore.*

« Toi seul tu règnes sur mon âme!...

RAPHAEL, *bas à Zéloïde.*

Eh! quoi, tu m'aimes!... ô bonheur!

FERNAMBOUC, *lisant.*

« Je suis au pouvoir d'un infâme
» Et je le hais de tout mon cœur!
« Ce Fernambouc qui me chicane,
« Sera bientôt, du haut en bas,
« Un vieux coq, une vieille canne,
« Et c'est toi seul qui le feras... »
Je devine le coq-à-l'âne!...
Non, non, je ne le serai pas!

TOUS.

Un vieux coq, une vieille canne,

FERNAMBOUC.

Non, non, non, non!

LES AUTRES.

Si, si, si, si!

FERNAMBOUC.

Non, non non, non!

LES AUTRES.

Si, si, si, si!...

FERNAMBOUC.

Silence!... ah! tu me hais!... ah! tu adores ce Raphaël!.. Raphaël!.. un peintre qui est mort
~~~~~~

depuis longtemps... Je l'ai lu dans les journaux !..
Ceci m'autorise à te rendre la vie parfaitement
dure !.. Tu ne le verras pas, ton Raphaël !.. mort
ou vif, tu ne le verras jamais !..

RAPHAEL, *à part*.

Non, c'est le chat !

FERNAMBOUC, *à Raphaël*.

Approche ici, petite !

RAPHAEL.

Oui, monsieur !

FERNAMBOUC.

Quel est ton nom?

RAPHAEL.

Je me nomme Ra...

FERNAMBOUC.

Ra...

RAPHAEL.

Ratisbonne !

FERNAMBOUC.

Au bureau l'on m'avait dit Françoise.

RAPHAEL.

Françoise Ratisbonne.

FERNAMBOUC.

Ecoute-moi bien !.. tu ne quitteras pas madame !

RAPHAEL.

Je n'en ai pas envie !

FERNAMBOUC.

Tu la surveilleras jour et nuit !

RAPHAEL.

J'allais vous le proposer !

FERNAMBOUC.

Et si ce Raphaël voulait entrer ici...

RAPHAEL.

Oh ! il n'y entrera pas tant que j'y serai !

FERNAMBOUC.

Bien ! mais enfin, s'il essayait, que ferais-tu?

RAPHAEL.

Ah! tu veux entrer malgré moi, que je lui dirais,
tiens !

(*Il lui donne un coup de poing.*)

FERNAMBOUC.

Très bien !

RAPHAEL.

Ah ! tu ne veux pas sortir tout de suite ! tiens,
tiens !

(*Il le frappe.*)

FERNAMBOUC.

Assez !

RAPHAEL.

Ah! tu n'es pas encore content ! tiens, tiens,
tiens!

(*Il le frappe toujours* (1)

FERNAMBOUC.

Assez, donc, sacrebleu !

RAPHAEL.

C'est que je suis très forte.

FERNAMBOUC, *à part*.

Cette commère est appétissante ! (*Haut.*) Voilà
de l'or.

(1) R. F. Z.

RAPHAEL, *regardant la pièce*.

Quarante sous !

FERNAMBOUC.

Sois-moi dévouée !... Et maintenant, va faire le
déjeûner !

RAPHAEL.

Le déjeûner !... c'est que je ne sais pas où est
la cuisine !

ZÉLOÏDE.

Je vais vous y conduire.

FERNAMBOUC.

Non ! je me charge de lui montrer les aîtres.
Suis-moi, Ratisbonne.   (*Il remonte.*)

RAPHAEL.

J'y vais, monsieur ! (*S'approchant de Zéloïde.*)
O Zéloïde ! amour pour la vie !

(*Il lui baise la main.*)

FERNAMBOUC, *redescendant*.

Qu'est-ce que c'est?

RAPHAEL.

Me v'là, Monsieur !

FERNAMBOUC.

Passe devant !... Et vous, perfide, je vous autorise à rire jusqu'à mon retour !... Mais, passe
devant !

(*Il sort avec Raphaël par la porte de droite du
fond.*)

SCÈNE VIII.
ZÉLOIDE, *puis* BEAUJARRET (1).

ZÉLOÏDE.

Raphaël ici !... celui que j'aime déguisé en cuisinière !.. Quel drame fortement noué !... Et je ne
suis pas morte !... je me porte même assez bien...
Ah ! les femmes sont bien drôles !...

BEAUJARRET, *en groom, pantalon, veste et cas-
quette jaunes*.

Zéloïde !

ZÉLOÏDE.

Grands dieux !

BEAUJARRET.

C'est moi ! ne frissonne pas!

ZÉLOÏDE.

Vous ici?

BEAUJARRET.

Moi z-ici !... j'ai entendu votre colloque avec
M. Bouc...

ZÉLOÏDE.

Fernambouc!

BEAUJARRET.

Il a été chercher un groom au bureau..... et
voilà!... J'avais mon costume de jockey pour le
quadrille de la *Croix de Berny*, et je l'ai revêtu !
Cette ruse me paraît d'une haute portée !

ZÉLOÏDE.

Mais, imprudent ! il y va de la vie !

BEAUJARRET, *avec indifférence*.

Ah bah !

(1) Z, B.

ZÉLOÏDE.

La mort est sous nos pas !

BEAUJARRET, *avec indifférence.*

Ah ! bah ! le plancher est solide !... Nous danserons ce soir ; il faut que nous dansions, je l'ai mis dans mes jambes... Un si joli quadrille !... Il y a surtout un temps de polka !... Tra, la, la, la...

(Il la prend et danse avec elle en chantant.)

ZÉLOÏDE, *voyant venir Fernambouc.*

Ma bête noire !..

(Elle cesse de danser, et laisse Beaujarret aller tout seul.

SCÈNE IX.

LES MÊMES, FERNAMBOUC (1).

FERNAMBOUC, *entrant, et voyant Beaujarret danser.*

Ceci est curieux ! Quel est ce canari ?

BEAUJARRET.

Monsieur Bouc, s'il vous plaît ?

ZÉLOÏDE, *à part.*

Oh ! j'en mourrai !

BEAUJARRET.

Monsieur Bouc, s'il vous plaît ?

FERNAMBOUC.

Tu dis ?...

BEAUJARRET.

Je dis : Monsieur Bouc, s'il vous plaît ?

FERNAMBOUC.

Fernambouc !... Qui es-tu ? que veux-tu ?.. Je suis fort en peine de le savoir.

BEAUJARRET.

Parbleu ! je suis le groom demandé !

FERNAMBOUC.

Le groom du bureau ?

BEAUJARRET.

Du bureau.

FERNAMBOUC.

Ah ! tu es groom, et tu danses devant la bourgeoise ?

BEAUJARRET.

Moi !... je ne dansais pas !... Madame me demandait si je savais frotter !... et je lui mimais un nouveau système de frottage, d'après Cellarius... voici la méthode !... *(Il fait quelques pas. Marche sur les pieds de Fernambouc qui cherche à l'imiter).*

FERNAMBOUC.

C'est fort joli !... tu me l'apprendras !...

BEAUJARRET.

Oui, Monsieur Bouc !

FERNAMBOUC.

Fernambouc !

BEAUJARRET.

Oui, oui ! je sais bien !

(1) B, F, Z.

FERNAMBOUC, *à part.*

Il est fort laid ! et il me va assez sous ce point de vue ! *(Haut).* Comment t'appelles-tu ?

BEAUJARRET.

Abricot.

FERNAMBOUC.

Au bureau on m'avait dit John !

BEAUJARRET.

Oui !... Abricot Jaune.

FERNAMBOUC, *le prenant à part.*

Prête-moi ton oreille, John !... Nous avons une nouvelle bonne qui m'inspire une défiance sans bornes...

BEAUJARRET.

Je la partage !

FERNAMBOUC.

Tu épieras ses actions et tu me rapporteras tout ce qu'elle fera !

BEAUJARRET.

Ah ! il faudra que je vous rapporte...

FERNAMBOUC.

Tiens, voici de l'or.

BEAUJARRET, *regardant la pièce.*

Quarante sous !

FERNAMBOUC.

Sois-moi dévoué !... *(A part).* J'organise ma contre-police, à deux francs par tête.

BEAUJARRET, *à part.*

La place est bonne, mais c'est humiliant !...

ZÉLOÏDE, *à part.*

Et moi, je reste là sans rien dire !... ça m'amuse bien peu !

SCÈNE X.

LES MÊMES, RAPHAEL, *avec un tablier de cuisine (1).*

RAPHAEL.

Monsieur, Madame, le déjeûner est servi !

ZÉLOÏDE, *à part.*

Merci, mon Dieu !

RAPHAEL.

Monsieur, dépêchez-vous, vos oreilles sont dressées !

FERNAMBOUC, *prenant Raphaël à part.*

Dresse les tiennes, Ratisbonne !... je t'engage à te mettre au mieux avec ce garçon.

RAPHAEL.

Quel garçon ?

FERNAMBOUC.

Mon nouveau groom.... il m'a l'air d'un gredin...

RAPHAEL.

Oh ! oui !

FERNAMBOUC.

Fais-le jaser...

(1) B, F, R, Z.

RAPHAEL.

Vous voulez que je le moucharde?

FERNAMBOUC.

Moucharde-le!

ZÉLOÏDE.

Eh! bien, Monsieur, avez-vous fini?... Je meurs de faim!... (1).

FERNAMBOUC.

Allons consommer.

Air: *des Puritains.*

Venez, venez mon ange,
Que nul ne nous dérange
Sur ce billet étrange
Je veux voir clair!

ZÉLOÏDE.

Suffit, mon cher!

RAPHAEL ET BEAUJARRET, *à part.*

Me voilà dans la place!
(*Fernambouc remonte.*)

ZÉLOÏDE.

Comment le prévenir!
(*Elle fait des signes à Raphaël.*)

BEAUJARRET, *à part.*

Je crois qu'elle m'agace!

FERNAMBOUC.

Vas-tu bientôt venir? (2)

ENSEMBLE.

FERNAMBOUC.

Venez, venez mon ange,
Que nul ne nous dérange
Sur ce billet étrange.
Il faut, il faut voir clair.

RAPHAEL ET BEAUJARRET.

Il l'appelle son ange,
Dérision étrange!
J'arracherai cet ange
Aux griffes de l'enfer!

ZÉLOÏDE.

Il m'appelle son ange!
Dérision étrange!
Je suis peut-être un ange,
Mais je vis en enfer!

(*Elle sort avec Fernambouc.*)

SCÈNE XI.

RAPHAEL, BEAUJARRET (3).

RAPHAEL, *à part.*

Pourquoi donc Zéloïde m'a-t-elle fait des signes?

BEAUJARRET, *à part.*

Mettons cette drôlesse dans mes intérêts, avec les capitaux de M. Bouc! (*Il tire de l'argent.*)

RAPHAEL, *de même.*

Graissons la patte à cette valetaille, avec la pièce du Mohican!

(1) B, F, Z, R.
(2) B, Z, F, R.
(3) R, B.

(*Ils font un mouvement l'un vers l'autre, puis s'arrêtent et font un demi-tour en remettant l'argent dans leur poche.*)

BEAUJARRET.

C'est une bêtise!

RAPHAEL.

C'est une boulette!

BEAUJARRET.

Elle pourrait jaspiner!

RAPHAEL.

Il éventerait la mèche!

BEAUJARRET.

Il vaut mieux la prendre au gluau!

RAPHAEL.

Essayons le pouvoir de mon sexe actuel!

BEAUJARRET, *haut et s'approchant.*

Eh! bien, Marton, nous ne daignons même pas regarder Frontin?..

RAPHAEL, *minaudant.*

Dam! voulez-vous donc que je fasse les avances? moi, faible femme!

BEAUJARRET.

Parfaitement juste!.. (*S'approchant.*) Le torse est délicieux!.. (*Il cherche à le voir.*) ce chapeau, cette toilette (1)... (*Il lui baise la main.*) Odeur de musc ou de ciboulette... (*Haut.*) J'ai idée que tu es charmante!..

RAPHAEL, *évitant d'être vu.*

Oh! une figure chiffonnée!

BEAUJARRET.

Eh bien, montre la moi, ta chiffonnée!..

RAPHAEL.

Non! non! plus tard (2)! je n'ai pas lissé mes bandeaux!

BEAUJARRET, *à part.*

Oh! palsambleu! je la verrai! Voyons si l'or n'est pas une chimère...
(*Il tire un écu de cent sous de sa poche, passe à droite, jette l'écu par terre... Raphaël se retourne de son côté (3).*
Oh! ce mufle!

RAPHAEL.

Beaujarret!

BEAUJARRET.

Raphaël! et j'ai baisé sa patte!

RAPHAEL.

C'est mon poing que tu vas baiser à présent!

BEAUJARRET.

Il faut que je te fracasse!

RAPHEL.

Et moi, que je te fricasse!

(*Ils se boxent : Beaujarret aplatit le chapeau de Raphaël. Beaujarret lui donne un coup de pied au derrière, au moment où Fernambouc paraît.*)

(1) R, B.
(2) B, R.
(3) R, B.

SCÈNE XII.

LES MÊMES, FERNAMBOUC, PUIS ZÉLOÏDE. (1)

FERNAMBOUC, *donnant un coup de pied à Beaujarret.*
Goujat!

RAPHAEL, *donnant un coup de pied, à Fernambouc
croyant le donner à Beaujarret.*
Tiens! laquais!

FERNAMCOUC, *lui rendant le coup.*
Drôlesse!

BEAUJARRET, *donnant un coup pied à Fernambouc.*
Manche à!..

ZÉLOÏDE, *entrant.*
Qu'est-ce donc?.. quel vacarme (2)!.. (*Aper-
percevant son chapeau aplati sur la tête de Raphaël.*) Dieu mon chapeau!

FERNAMBOUC.
Voilà, madame, comme les maîtres sont servis
maintenant!

RAPHAEL.
Excusez, bourgeois!

BEAUJARRET.
Pardon, M. Bouc!

FERNAMBOUC.
Fernambouc!

RAPHAEL.
Il ne faut pas nous en vouloir!

FERNAMBOUC.
Je ne vous en veux nullement!.. mais, votre
entente cordiale ne me permet pas de vous garder
tous les deux!.. Zéloïde, décidez lequel doit fiche
son camp!

ZÉLOÏDE.
Moi! que je décide!.. (*A part.*) Si j'osais!..

FERNAMBOUC.
Choisissez!.. Je vous déclare seulement que
j'ai l'intention formelle de conserver cette petite!

BEAUJARRET.
Ah! c'est comme ça!.. Eh! bien, non! je dirai
tout (3)!

ZÉLOÏDE, *à part.*
O ciel!

FERNAMBOUC.
Quoi? il y a donc une anguille?

BEAUJARRET.
Elle n'est entrée chez vous que pour y in-
troduire un nommé Raphaël.

FERNAMBOUC.
Raphaël!

RAPHAEL.
Il n'est venu ici que pour favoriser l'intrigue
d'un appelé Beaujarret!

FERNAMBOUC.
Beaujarret!..

(1) R, F, B.
(2) R, F, Z, B.
(3) R, F, B, Z.

ZÉLOÏDE, *à part.*
Oh! j'en mourrai!

BEAUJARRET.
Je vous conseille de la faire décaniller!

FERNAMBOUC.
Je vous décanillerai tous les deux, canailles
que vous êtes!... Sortez!...

BEAUJARRET.
Ah! mais on a huit jours!

RAPHAEL.
Si vous croyez qu'on y tient, à votre barraque...
On s'en va!

FERNAMBOUC.
Pas par-là!

RAPHAEL.
Et mes nippes!.. Vous me laisserez bien prendre
mes nippes!..
(*Il entre dans la chambre du fond, à gauche.*)

FERNAMBOUC, *à Beaujarret.*
Et toi, qu'est-ce que tu fais là?

BEAUJARRET.
Moi! j'attends un certificat!

FERNAMBOUC.
Impudent Scapin!

ZÉLOÏDE, *au fond, à Raphaël qui rentre.*
Sauve-toi!
(*Raphaël s'échappe par la porte du fond.*)

FERNAMBOUC.
Donne-moi ton oreille, que je la dépose sur la
voie publique!
(*Il le prend par l'oreille.*)

BEAUJARRET.
Vous vous en repentirez, M. Bouc!

FERNAMBOUC.
Marche, que je te consigne au portier!

BEAUJARRET.
Vous me paierez ça, M. Bouc!

(*Ils sortent ensemble.*)

SCÈNE XIII.

ZÉLOÏDE, *puis* URSULE. (1)

ZÉLOÏDE.
Mes malheurs se compliquent... Je suis, ma foi,
dans une vilaine passe!

URSULE, *entrant par la porte à gauche.*
Ah! ma chère, je suis contente de vous trou-
ver... j'ai bien du neuf à vous apprendre!

ZÉLOÏDE.
Encore un malheur, peut-être?

URSULE.
Je suis sur les traces de mon mari!

ZÉLOÏDE.
J'en étais sûre!

(1) U, Z.

URSULE.

Imaginez-vous que j'étais chez le pâtissier, en face, à me désoler...

ZÉLOÏDE.

En mangeant des meringues?

URSULE.

A la crème!.. lorsqu'un monsieur qui était là... un homme très bien, et qui connaît mes infortunes, me dit comme ça, vous êtes encore pas mal godiche, madame Verdure; vous cherchez votre mari, et il y a longtemps que M. Verdure n'existe plus!

ZÉLOÏDE.

Vous seriez veuve?

URSULE.

Ce fut mon premier mouvement ; au point que j'ai été obligée de prendre un verre d'alicante..... car je l'aime...

ZÉLOÏDE.

Moi aussi!

URSULE.

Mon mari?

ZÉLOÏDE.

Non, l'alicante.

URSULE.

Moi de même. Enfin, reprend ce jeune homme...

ZÉLOÏDE.

Ah! c'est un jeune homme?

URSULE.

Un jeune homme chauve, avec des moustaches blanches et des lunettes vertes... très bon genre... et il ajouta : Rassurez-vous, petite mère ; votre mari n'existe plus à l'état de Verdure, mais il fleurit encore à l'état de Beaujarret!

ZÉLOÏDE.

Beaujarret?

URSULE.

C'est sa nouvelle étiquette !.. Il est à Paris, où il fait les délices de Mabille et de Valentino !.. et moi qui fréquente ces bals... dire que j'aurais pu rencontrer la sienne au milieu d'une figure!

ZÉLOÏDE.

Mieux que ça !... vous auriez pu le rencontrer ici... tout-à-l'heure !

URSULE.

Chez vous?

ZÉLOÏDE.

En groom ! Fernambouc vient de le camper dehors !

URSULE.

Domestique!

Air *du Verre.*

Serait-il vrai ! Quoi, mon époux !...

ZÉLOÏDE.

Voulait entrer à mon service !

URSULE.

Il n'faisait jamais rien chez nous,
La paresse est son plus grand vice!
C'est un feignant! c'est un vaurien !

ZÉLOÏDE.

On voit comm'ça de bons apôtres,
Qui chez eux ne font jamais rien
Et qui travaill'nt bien chez les autres !

URSULE.

Quel être abject! Ah! il faut que je coure après lui !

ZÉLOÏDE.

Il doit demeurer rue des Martyrs, 45.

URSULE.

J'y vole (1) !..... Mais avant.... je voulais vous prier...

~~~~~~

SCÈNE XIV.

LES MÊMES, FERNAMBOUC (2).

Je l'ai déposé dans le ruisseau !... Eh ! c'est notre piquante voisine !

URSULE.

Oui, M. Fernambouc... Je contais mes peines à Zéloïde... Il faut vous dire que mon petit dodore va me revenir !

FERNAMBOUC.

Ah! vous sevrez votre petit?

URSULE.

Pas encore..... j'attends une autre nourrice d'Auxerre.... Mais, voyez-vous, je suis obligée d'aller au bal ce soir,... et je venais prier Zéloïde.. c'est peut-être abuser de votre complaisance ?

FERNAMBOUC.

Abusez, voisine, abusez!

URSULE.

Je venais la prier de garder mon mioche , s'il arrivait.

FERNAMBOUC.

Nous le garderons ! je serai flatté de faire sa connaissance !

ZÉLOÏDE.

C'est que je n'entends rien aux enfants, moi.

FERNAMBOUC.

Ce sont de ces choses, dont il faut prendre l'habitude de bonne heure, mademoiselle !.. (*A Ursule.*) Elle s'en charge !..

ZÉLOÏDE.

Mais où le mettre, ce petit?

URSULE.

J'ai là un berceau (3)... vous n'aurez qu'à le tirer par ici... je laisserai ma porte ouverte.

(1) Z, U.
(2) Z, F, U.
(3) Z, U, F.
~~~~~~

FERNAMBOUC.

Non ! pas de porte ouverte ! apportons-le tout
de suite, j'aime mieux ça !..

URSULE.

Soit ! (*Ils entrent chez Ursule.*)

ZÉLOÏDE, *seule.*

Il fait le gentil avec elle ! J'étais cuisinière, me
voilà bonne d'enfant, à présent !
(*Ursule et Fernambouc rentrent, et placent le berceau au premier plan, à gauche.*) (1).

ZÉLOÏDE.

Et personne pour m'aider !.. Si du moins, vous
m'aviez laissé Ratisbonne !

FERNAMBOUC.

Je t'en ratisse !.. vous en aurez une autre...
bonne... je retourne au bureau !

URSULE, *à part.*

Courons rue des Martyrs !

FERNAMBOUC.

Voisine, fermez bien votre porte à double tour !..
j'en ferai autant de mon côté !..

Air : *En toute confiance* (Monsieur et une Dame.)

ENSEMBLE.

FERNAMBOUC.

Ici, ma défiance
A droit de s'exercer,
Et, sans vous offenser,
Malgré ma surveillance
Je ne suis pas jaloux
Mais je mets toujours les verroux !

ZÉLOÏDE.

Ah ! tant de défiance
A lieu de m'offenser,
Pourquoi donc l'exercer ?
Oui, cette surveillance
Est digne d'un jaloux !
Qui ne connaît que les verroux !

URSULE.

A cette surveillance
J'aurais bien dû penser
Et surtout l'exercer !
Malgré son inconstance,
Mon infidèle époux
Serait chez nous
Sous les verroux !

(*Ursule rentre chez elle et ferme la porte à double tour. Fernambouc sort par le fond, et l'on
entend le bruit de la serrure.*)

SCÈNE XV.

ZÉLOÏDE, *puis* RAPHAEL.

ZÉLOÏDE.

C'est trop d'humiliations ! c'est trop ! c'est
trop ! c'est trop ! c'est trop !.. O mon Raphaël ! où
es-tu, que je me venge !

(1) U, F, Z.

RAPHAEL, *paraissant à la porte du fond, à droite.
Il a repris ses habits d'homme.*

Présent (1) !

ZÉLOÏDE.

Vous étiez là ?

RAPHAEL.

Dans le buffet, entre une salière et un pot de
moutarde qui me montait au nez... Zéloïde, nous
sommes seuls, comme le loup et l'agneau... com-
prenez-vous l'apologue ?

ZÉLOÏDE.

Mais, monsieur, vous n'avez donc pas songé
que mon honneur serait compromis ?

RAPHAEL.

Et le mien ! il le serait bien davantage, si j'étais
parti sans vous rendre vos effets !

ZÉLOÏDE.

Où sont-ils ?..

RAPHAEL, *lui présentant un petit paquet tout
plat.*

Les voici, intacts !

ZÉLOÏDE.

Dans ce paquet ? Et mon chapeau ?

RAPHAEL.

Il y est !

ZÉLOÏDE, *prenant le paquet.*

Horreur ! (*Jetant le paquet dans un coin.*)

RAPHAEL.

Chapeau Gibus ! c'est commode en voyage !

ZÉLOÏDE.

Tu parles de voyage... Eh ! bien, écoute, ô
mon unique ami !

RAPHAEL.

Ton ami ! .. Tu m'aimes donc pour de vrai ?

ZÉLOÏDE.

Si je t'aime !.. je vais te le prouver.

RAPHAEL.

Voilà un mot !.. (*A part, pendant que Zéloïde
remonte le théâtre d'un air agité.*) Elle m'aime
et elle a la tête montée !.. Nom d'un petit bon-
homme ! (*Haut.*) Zéloïde, je demande la preuve !

ZÉLOÏDE.

Mourons ensemble !

RAPHAEL.

De quelle manière ?

ZÉLOÏDE.

J'ai là du charbon.

RAPHAEL.

Je n'apprécie ce combustible que pour faire
cuire des côtelettes.

ZÉLOÏDE.

Homme matériel !

RAPHAEL.

Nous mourrons plus tard, je te le promets...
mais, aujourd'hui, je t'enlève !

(2) Z, R,

ZÉLOÏDE.

Impossible!.. nous sommes enfermés.

RAPHAEL.

Si j'allais chercher un serrurier?

ZÉLOÏDE.

Que tu es bête!

RAPHAEL.

J'allais le dire!.. par la fenêtre.

ZÉLOIDE, *regardant à gauche.*

Plus d'échelles !

RAPHAEL, *regardant à droite.*

On les a enlevées!...

ZÉLOIDE.

Oh ! c'est la destinée !

RAPHAEL.

Oh ! c'est plutôt les maçons!

ZÉLOÏDE.

Une inspiration !

RAPHAEL.

Développe-la.

ZÉLOIDE.

J'attends ici l'enfant d'une voisine dont voici le berceau.

RAPHAEL.

Où tend ce préambule?

ZÉLOÏDE.

Prends sa place !

RAPHAEL.

Du berceau ?

ZÉLOÏDE.

De l'enfant!.. et, quand la voisine reviendra, elle est bonne fille, elle te sauvera.

RAPHAEL.

Zéloïde! tu dépasses Pentagruel, ma chère amie... tu le dépasses!.. comment veux-tu que je ratatine mon être aux dimensions de l'âge le plus tendre?..

ZÉLOÏDE.

Tout est possible avec une volonté forte!

RAPHAEL.

Où mettrai-je mes jambes avec une volonté forte (1)?

ZÉLOÏDE.

Il le faut!..

RAPHAEL.

Allons, j'essaierai... tu me donneras le biberon ?

ZÉLOÏDE, *prenant sur le berceau un petit bonnet et un bourrelet.*

Viens, ici, mimi... (*Elle s'assied à droite.*)

RAPHAEL, *s'agenouillant devant elle.*

Nous allons donc coucher notre petit fifi?

ZÉLOÏDE, *à elle-même.*

Ah! despote !.. tu veux que je sois bonne d'enfants... voilà comme je les aime, les enfants !

RAPHAEL.

Moi aussi !

(1) R, Z.

Air : *J'avais une marraine*

Dans mes yeux, Zéloïde,
Mire ton, mire ton œil l'impide.

ZÉLOÏDE.

Sois honnête et candide
O mon petit fanfan!

RAPHAEL.

J'aim' bien m'a p'tit' maman :
Mais je veux du nanan !

ZÉLOÏDE.

Ta mère est indulgente
Mais ton ton, mais ton ton m'épouvante.

RAPHAEL.

Ah ! ne sois pas méchante,

ZÉLOÏDE.

Allons monsieur coco,
Faites vite dodo,
Faites vite...

(*On entend ouvrir la porte du fond à droite.*)

ZÉLOÏDE.

Chut! on ouvre la porte!

RAPHAEL.

Je regagne le buffet!.. non, il me traiterait comme du veau piqué !

ZÉLOÏDE.

Il n'est plus temps ! vite! et vite !
(*Elle le fait coucher dans le berceau.*)

(Voyez la note à la fin.)

RAPHAEL, *chantant.*

Beaux jours de mon enfance,
Vous voilà, vous voilà revenus.

ZÉLOÏDE.

Ne bouge pas !

SCÈNE XVI.

ZÉLOIDE, RAPHAEL, *couché*, FERNAM-
BOUC (1).

FERNAMBOUC, *entrant par la porte du fond, à droite, et portant un plateau sur lequel il y a du pain, du vin, du veau et un moutardier.*
J'ai l'estomac dans les talons.
(*Il pose le plateau sur le guéridon.*)

ZÉLOÏDE.

Vous allez encore déjeuner?

FERNAMBOUC.

C'est mon second!... je viens de la rue des Jeûneurs, c'est peut-être ça qui m'a ouvert l'appétit!
(*Il s'assied près du guéridon, à droite*).

ZÉLOÏDE.

Rue des Jeûneurs?

(1) R, Z, F.

FERNAMBOUC.

120.

RAPHAEL.

Mon numéro !

ZÉLOÏDE, *le contenant.*

Silence !

FERNAMBOUC.

Que faites-vous donc là, ma mie?

ZÉLOÏDE.

Vous le voyez.... je berce le petit !..

FERNAMBOUC.

Il est arrivé?... a-t-il les traits de sa mère?...
Voyons !... (*Il se lève*).

ZÉLOÏDE.

N'approchez pas !... il dort ! (*Raphaël éternue*).

FERNAMBOUC.

Ah! il se réveille... (*Il s'approche*).

ZÉLOÏDE.

Pas tant de bruit !... (*Elle se penche sur le berceau pour empêcher Fernambouc de voir. On
entend le bruit d'un baiser*).

FERNAMBOUC, *à part.*

Elle l'embrasse! elle sera bonne mère !

ZÉLOÏDE.

Il est endormi !

FERNAMBOUC, *se rasseyant.*

Pourvu qu'il n'aille pas geindre toute la nuit...
Je chéris peu ce festival ! (*On entend sonner.*)
On sonne !.. c'est peut-être la nourrice...

ZÉLOÏDE.

La nourrice !

FERNAMBOUC.

Allez, Zéloïde, je bercerai le poupon.

ZÉLOÏDE.

Mais non !.. vous n'y entendez rien...

FERNAMBOUC.

Allons, j'y vais... (*A part.*) Elle sera très
bonne mère !.. (*On sonne plus fort.*) On y va,
que diable ! (*Il sort.*)

RAPHAEL, *se levant sur son séant.*

Zéloïde, je ne sens plus mes jambes, et j'ai envie de fumer un cigarre... Voilà une chose no-
table pour un enfant si jeune !..

ZÉLOÏDE.

Un peu de patience !..

RAPHAEL.

Ah! je plains les harengs !.. Je ne les plaignais
pas, mais je leur fais mes excuses !

ZÉLOÏDE, *qui a écouté.*

Recouchez-vous !..

SCÈNE XVII.

ZÉLOÏDE, RAPHAEL, *couché,* FERNAMBOUC,
rentrant, suivi de BEAUJARRET *en paysanne.*

FERNAMBOUC.

Voici notre affaire ! (*A Beaujarret.*) Entrez,
Madame !

(2) R, Z, B, F.

BEAUJARRET, *entrant* (1).

Monsieur, Madame, je vous salue... On m'a
dit que vous aviez besoin d'une bonne !..

FERNAMBOUC.

D'une bonne nourrice. Oui !

BEAUJARRET.

Ah ! chien !

ZÉLOÏDE, *bas à Raphaël.*

La nourrice !

RAPHAEL.

Pour moi !

BEAUJARRET, *à part.*

Une nourrice !

FERNAMBOUC.

Nous vous attendions avec impatience. (*Il va
prendre le pot de moutarde, et, tout en parlant,
il enlève le goudron et le bouchon.*)

BEAUJARRET, *à part.*

Comment, ils ont besoin d'une... (*Haut.*) Est-
ce que Madame serait dans une position...

FERNAMBOUC.

Non !.. La voisine a dû vous dire... N'est-ce pas
elle qui vous a retenue?..

BEAUJARRET.

La voisine?.. Oui ! oui !

FERNAMBOUC.

C'est vous qui venez d'Auxerre?

BEAUJARRET.

Pardine... oui!.. j'en viens d'Auxerre!.. dépar-
tement de la *Lionne*... Eugénie Bocherot, dite la
Bourguignote, pour vous servir... vous pouvez
prendre des informations au Musée d'artillerie.

FERNAMBOUC.

Comment?

BEAUJARRET.

Parlez au portier !.. c'est moi qui ai élevé son
petit dernier... au biberon...

FERNAMBOUC.

Au biberon ?

BEAUJARRET.

Ah ! j'en ai élevé d'autres au fromage à la pie !

FERNAMBOUC.

Pourquoi pas à la moutarde?

BEAUJARRET.

Oui, Monsieur, j'en ai élevé, et qui sont maintenant conseillers d'état ou cantonniers au chemin de fer, voilà leur position. (*Il étend le bras.*)

FERNAMBOUC.

Ah çà ! vous n'avez donc pas de lait?

(*Il retourne à la table.*)

BEAUJARRET.

Pas de lait!.. ah ! Seigneur Dieu !.. mais j'en
regorge, Monsieur, j'en regorge !

FERNAMBOUC.

Alors, donnez à boire à l'enfant.

ZÉLOÏDE, *à part.*

Ciel !

RAPHAEL.

Si elle vient, je la mords !

BEAUJARRET, *à part.*
Je ne sais plus à quel saint me vouer !.. *(Haut)*
Quel enfant?

FERNAMBOUC.
L'enfant de la voisine... de madame Verdure.

BEAUJARRET.
Ursule Verdure ?

FERNAMBOUC.
Précisément.

BEAUJARRET, *à part.*
Ma femme!.. mais, alors, c'est mon fils!.. c'est
mon petit Dodore !..

ZÉLOÏDE, *à part.*
La foudre est sur nos têtes !..

BEAUJARRET, *à part.*
Ah ! je sens mes entrailles qui gloussent !.. Il
faut que j'embrasse mon fils ! *(haut)* Où est le
rejeton ?

FERNAMBOUC.
Dans ce berceau ! *(Beaujarret s'élance).*

ZÉLOÏDE, *devant le berceau.*
Un instant, Madame !

BEAUJARRET, *bas à Zéloïde.*
C'est moi !

ZÉLOÏDE.
Beaujarret ! *(Elle s'approche de Fernambouc.)*

BEAUJARRET, *près du berceau.*
Qu'il doit être gentil !.. (1) *(Il lève le rideau et
voit Raphaël.)* Oh !

RAPHAEL.
Beaujarret !

BEAUJARRET.
Ce gueux-là est partout !

RAPHAEL.
Veux-tu bien ne pas me pincer, brigand !

FERNAMBOUC, *à table.*
Est-ce qu'il ne veut pas prendre ?

BEAUJARRET.
Ça va venir !.. attends, attends, je vas t'en
faire prendre du nanan !.. *(Il se glisse rapide-
ment du côté de la table de droite et enlève le
moutardier, pendant que Zéloïde et Fernambouc
parlent).*

ZÉLOÏDE, *à Fernambouc.*
Cet enfant doit vous impatienter, mon ami ?

FERNAMBOUC.
Son ami !

ZÉLOÏDE.
Si vous alliez faire un tour au boulevard
Mont-Parnasse !

FERNAMBOUC.
Quel tour !
*(Beaujarret qui est revenu près du berceau,
fait manger de force de la moutarde à Raphaël.*

RAPHAEL, *poussant des gémissements étouffés.*
Ah !.. oh !.. ah !..

(1) R, B, Z, F.

ZÉLOÏDE, *à part.*
Mon dieu ! que je suis perplexe !
*(Beaujarret et Raphaël échangent des coups de
poing.)*

FERNAMBOUC, *se levant.*
Ah ! ça, quel commerce faites-vous donc là-
bas ?

BEAUJARRET.
Rien ! il a son content, ce pauvre chérubin !
(Il abaisse le rideau.)

FERNAMBOUC.
C'est singulier !.. Il gigotte d'une façon inquié-
tante ! *(Il s'approche du berceau.)*

BEAUJARRET.
C'est les nerfs ! c'est les nerfs !.. (1)

FERNAMBOUC, *relevant un coin du rideau et le
refermant aussitôt.*
Ah ! sacrebleu, nourrice, l'enfant est indisposé !..

SCÈNE XVIII.

LES MÊMES, URSULE (2).

URSULE, *en costume de débardeur, et portant un
enfant.*
Voisine ! voisine ! voilà mon petit qui vient d'ar-
river !

BEAUJARRET, *à part.*
Mon épouse !

FERNAMBOUC.
Son petit !

ZÉLOÏDE, *à part.*
Malheur à moi !

URSULE.
Mais oui !.. n'est-ce pas convenu ?

BEAUJARRET.
La nature l'emporte!.. *(haut.)* Mon fils !

FERNAMBOUC et ZÉLOÏDE.
Son fils !

URSULE.
Mon mari !

FERNAMBOUC et ZÉLOÏDE.
Son mari !

BEAUJARRET, *regardant son fils.*
Ah ! celui-là me ressemble !

FERNAMBOUC.
Vous en avez donc deux?

BEAUJARRET.
Je n'en reconnais qu'un !

FERNAMBOUC.
Et l'autre ?.. celui qui est là dedans?

ZÉLOÏDE, *se jetant à ses pieds.*
Grâce, monsieur, grâce ! (3)

(1) R, F, B.
(2) R, B, U, Z.
(3) R, Z, F, B, U.

FERNAMBOUC, *à part.*

Quel soupçon ! (*haut.*) Malheureuse !.. cet enfant serait le vôtre !..

RAPHAEL.

Ah! bon!

ZÉLOÏDE.

Écoutez-moi!..

FERNAMBOUC.

Eh bien! il est propre !.. Il faut que je l'écrase!..
(*Il va vers le berceau.*)

RAPHAEL, *se levant.*

Gare la pile !

BEAUJARRET.

Arrêtez, M. Bouc !

FERNAMBOUC.

Fernambouc !

RAPHAEL.

Zéloïde! cachez-moi sous votre robe.

BEAUJARRET.

Ne troublez pas deux ménages si bien unis!

FERNAMBOUC.

Deux?.. où donc deux?

BEAUJARRET, *indiquant Raphaël.*

Cet enfant est le mari de Madame !

FERNAMBOUC.

Son mari!.. Et depuis quand ?

RAPHAEL.

Depuis la semaine prochaine !

FERNAMBOUC.

Et je n'ai pas reçu de billet de faire part !.. Voilà
ce qui me blesse le plus !

BEAUJARRET.

Vous en recevrez un la semaine dernière !

FERNAMBOUC.

Au moins n'y manquez pas ! (*Regardant Ursule.*) Monsieur Verdure, je vous demande votre
amitié.

BEAUJARRET.

Et moi, je vous offre une prise, M. Bouc. (*Il
tire sa tabatière, et met l'enfant sous son bras,
la tête en bas.*)

FERNAMBOUC.

Fernambouc !

BEAUJARRET.

J'ai toujours cru que Fernand était votre petit
nom, et Bouc votre nom propre.

CHŒUR FINAL.

Air : *du final du Barbier de Séville.*

Près de femme jolie,
Qu'en ces lieux la folie
Nous guide et nous rallie :
Ne songeons qu'au bonheur.

(*Le rideau baisse.*)

NOTA. — Zéloïde se met devant le pied du berceau qui s'ouvre, et qui est caché par le couvre-pied. Un petit
tasseau, également caché, sert à poser les pieds de l'acteur.

FIN,

IMPRIMERIE DE GIROUX ET VIALAT, A LAGNY,